Impressum
Verlag: BABADADA GmbH, Nedderfeld 112 , 22529 Hamburg
Geschäftsführer / Verlagsleitung: Harald Hof
Druck: Books on Demand GmbH, In de Tarpen 42, 22848 Norderstedt

Imprint
Publisher: BABADADA GmbH, Nedderfeld 112 , 22529 Hamburg, Germany
Managing Director / Publishing direction: Harald Hof
Print: Books on Demand GmbH, In de Tarpen 42, 22848 Norderstedt, Germany

Szkoła

школа

Sala lekcyjna
учиона

dzielić
делити

186/2

Tablica
плоча

Dziedziniec szkolny
школско двориште

Nauczyciel
наставник

Papier
папир

pisać
писати

Pisak
хемијска оловка

Biurko
писаћи сто

Liniał
лењир

Książka
књига

Uczeń
ученик

Plecak szkolny

торба

Piórnik

перница

Ołówek

графитна оловка

Temperówka

шиљило за оловке

Gumka do mazania

гумица за брисање

Blok rysunkowy

блок за цртање

Rysunek

цртеж

Pędzel

кист

Pudełko z akwarelami

кутија са бојама

Nożyce

маказе

Klej

лепило

Książka do ćwiczenia

бележница

Zadanie domowe

домаћи задатак

12

Liczba

број

2+2

dodawać

сабирати

5-2

odejmować

одузимати

2×2

mnożyć

множити

liczyć

рачунати

A

Litera

слово

ABCDEFG HIJKLMN OPQRSTU VWXYZ

Alfabet

абецеда

Słowo

реч

Tekst

текст

czytać

читати

Kreda

креда

Godzina

час

Dziennik lekcyjny

дневник

Egzamin

испит

Świadectwo

сведочанство

Mundurek szkolny

школска униформа

Wykształcenie

образовање

Leksykon

лексикон

Uniwersytet

универзитет

Mikroskop

микроскоп

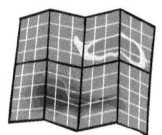

Mapa

карта

Kosz na odpadki

кошара за папир

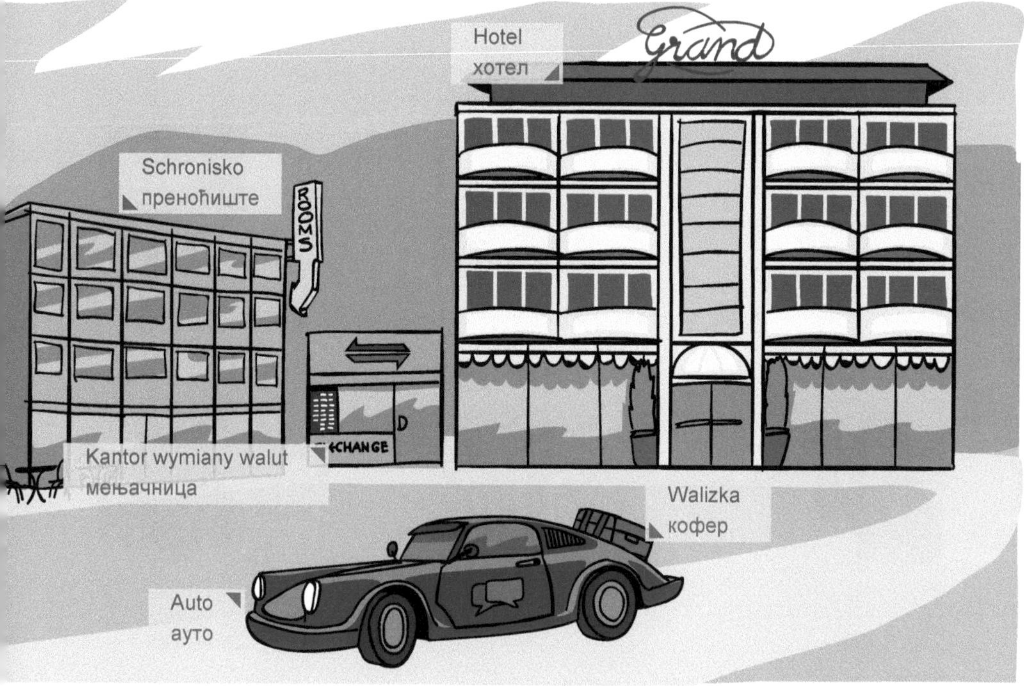

Hotel
хотел

Grand

Schronisko
преноћиште

ROOMS

Kantor wymiany walut
мењачница

ECHANGE

Walizka
кофер

Auto
ауто

Język
jезик

tak / nie
да / не

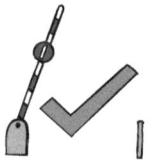

OK
океj

Halo
здраво

Tłumacz
преводилац

Dziękuję
хвала

Ile kosztuje ...?

Колико кошта...?

Nie rozumiem

не разумем

Problem

проблем

Dobry wieczór!

добро вече!

Dzień dobry!

Добро јутро!

Dobranoc!

Лаку ноћ!

Do widzenia

довиђења

Kierunek

смер

Bagaż

пртљага

Torba

торба

Plecak

руксак

Gość

гост

Pokój

соба

Śpiwór

вреħа за спавање

Namiot

шатор

Informacja turystyczna

туристичке информације

Plaża

плажа

Karta kredytowa

кредитна картица

Śniadanie

доручак

Obiad

ручак

Kolacja

вечера

Bilet

карта за вожњу

Winda

лифт

Znaczek na list

поштанска марকица

Granica

граница

Cło

царина

Ambasada

амбасада

Wiza

виза

Paszport

пасош

Transport

транспорт

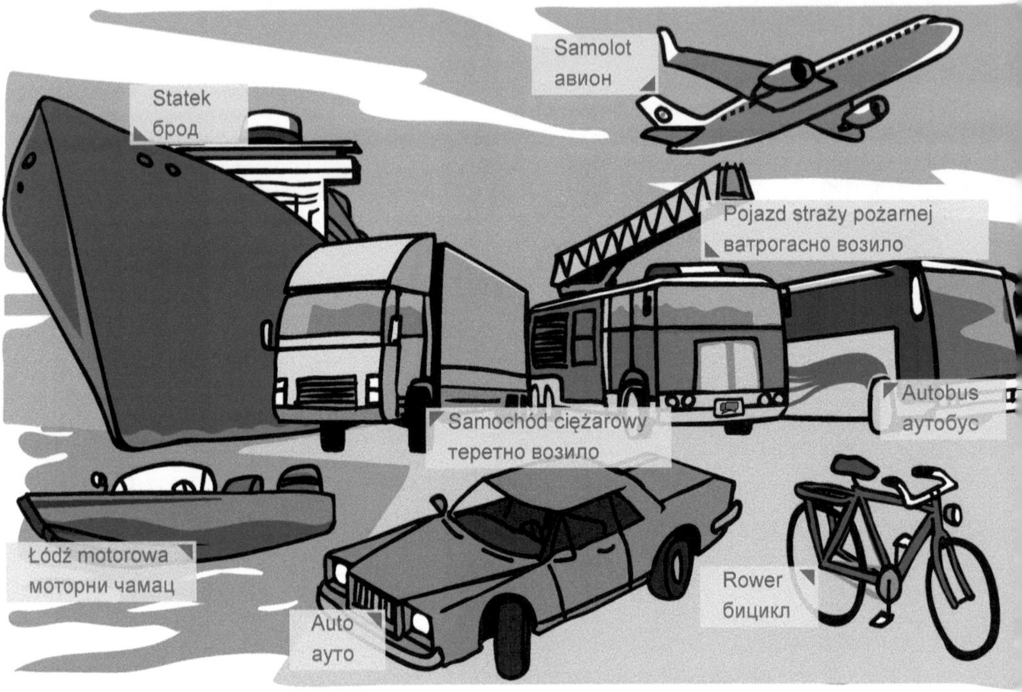
Samolot
авион
Statek
брод
Pojazd straży pożarnej
ватрогасно возило
Autobus
аутобус
Samochód ciężarowy
теретно возило
Łódź motorowa
моторни чамац
Rower
бицикл
Auto
ауто

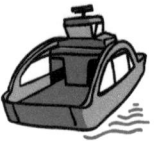

Prom

трајект

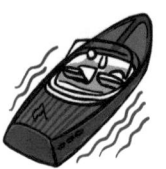

Łódź

чамац

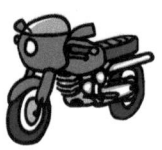

Motocykl

мотоцикл

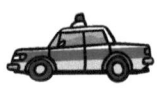

Radiowóz policyjny

полицијски ауто

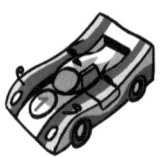

Samochód wyścigowy

тркаћи ауто

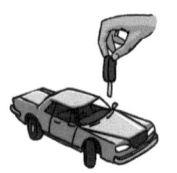

Samochód wypożyczony

изнајмљено ауто

Wspólne przejazdy
samochodem
....
дељење аутомобила

Samochód pomocy
drogowej
вучно возило

Śmieciarka
....
возило за одвоз смећа

Silnik
....
мотор

Benzyna
....
бензин

Stacja benzynowa
....
бензинска станица

Znak drogowy
....
саобраћајни знак

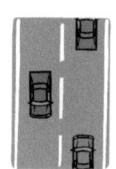

Ruch
....
саобраћај

Korek
....
застој

Parking
....
паркиралиште

Dworzec
....
железничка станица

Szyny
....
шине

Pociąg
....
воз

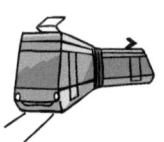

Tramwaj
....
трамвај

Wagon
....
вагон

Helikopter

хеликоптер

Lotnisko

аеродром

Wieża

кула

Pasażer

путник

Kontener

контејнер

Karton

картон

Taczka

колица

Kosz

корпа

startować / lądować

узлетети / слетети

Miasto

град

Wieś

село

Centrum miasta

центар града

Dom

кућа

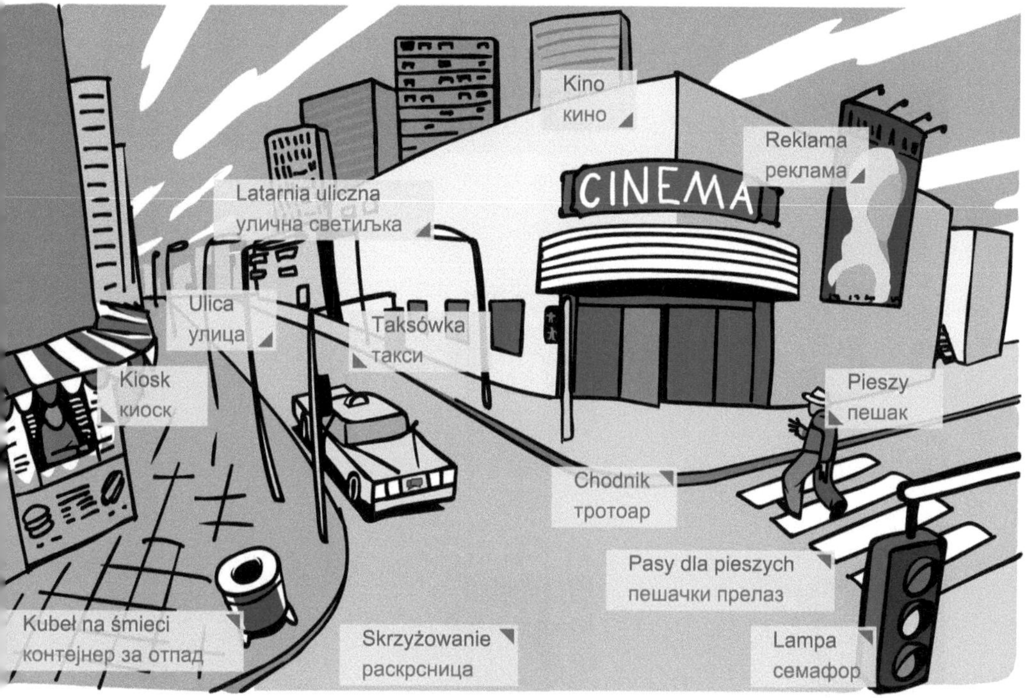
Kino
кино
Reklama
реклама
CINEMA
Latarnia uliczna
улична светиљка
Ulica
улица
Taksówka
такси
Kiosk
киоск
Pieszy
пешак
Chodnik
тротоар
Pasy dla pieszych
пешачки прелаз
Kubeł na śmieci
контејнер за отпад
Skrzyżowanie
раскрсница
Lampa
семафор

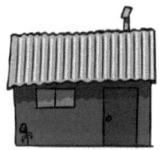

Chata

колиба

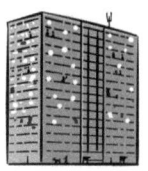

Mieszkanie

стан

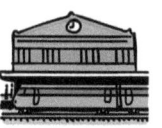

Dworzec

железничка станица

Ratusz

већница

MUSEUM

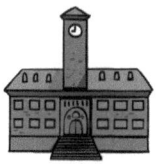

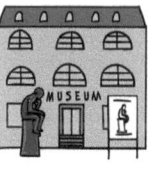

Muzeum

музеј

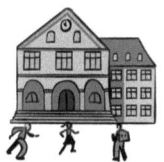

Szkoła

школа

Uniwersytet

универзитет

Bank

банка

Szpital

болница

Hotel

хотел

Apteka

апотека

Biuro

канцеларија

Księgarnia

књижара

Sklep

продавница

Kwiaciarnia

цвећара

Supermarket

супермаркет

Rynek

трг

Dom towarowy

робна кућа

Sklep z rybami

рибарница

Centrum handlowe

трговачки центар

Port

лука

Park
....
парк

Ławka
....
клупа

Most
....
мост

Schody
....
степенице

Metro
....
подземна железница

Tunel
....
тунел

Przystanek autobusowy
....
аутобуска станица

Bar
....
бар

Restauracja
....
ресторан

Skrzynka na listy
....
поштанско сандуче

Tabliczka z nazwą ulicy
....
улични знак

Parkometr
....
паркирни аутомат

Zoo
....
зоолошки врт

Łaźnia
....
базен

Meczet
....
џамија

Gospodarstwo chłopskie

сеоско газдинство

Zanieczyszczenie środowiska

загађење околине

Cmentarz

гробље

Kościół

црква

Plac zabaw

игралиште

Świątynia

храм

Krajobraz

пејсаж

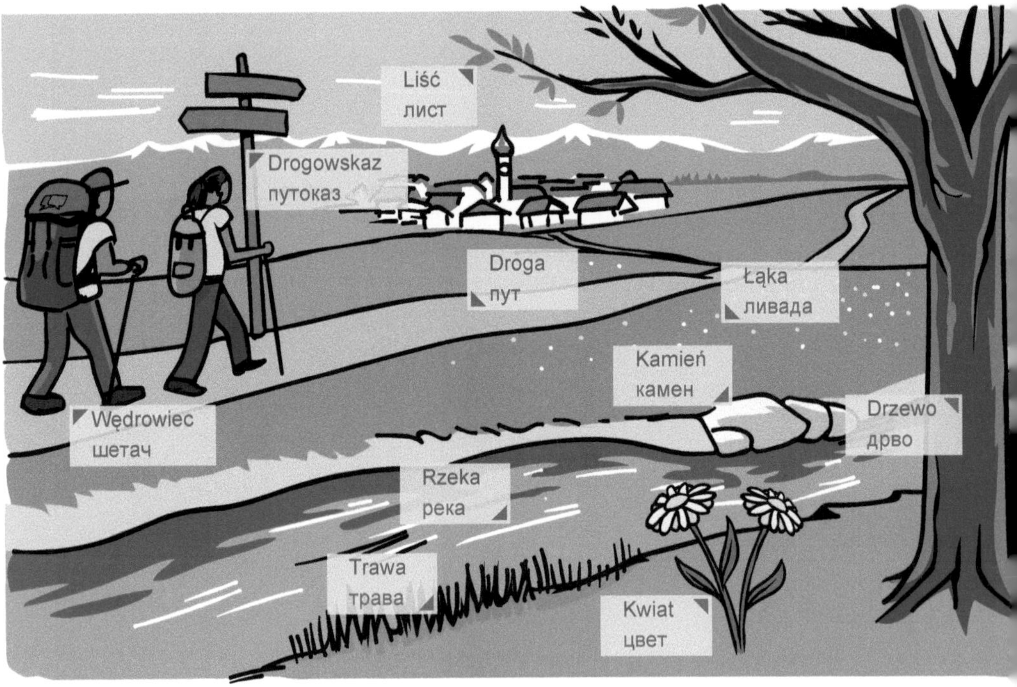

Liść
лист

Drogowskaz
путоказ

Droga
пут

Łąka
ливада

Kamień
камен

Drzewo
дрво

Wędrowiec
шетач

Rzeka
река

Trawa
трава

Kwiat
цвет

Dolina

долина

Góra

планина

Jezioro

језеро

Las

шума

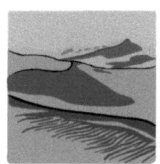

Pustynia

пустиња

Wulkan

вулкан

Zamek

дворац

Tęcza

дуга

Grzyb

гљива

Palma

палма

Komar

москито

Mucha

мува

Mrówka

мрав

Pszczoła

пчела

Pająk

паук

Chrząszcz
буба

Żaba
жаба

Wiewiórka
веверица

Jeż
јеж

Zając
зец

Sowa
сова

Ptak
птица

Łabędź
лабуд

Dzik
дивља свиња

Jeleń
јелен

Łoś
лос

Tama
насип

Wiatrak
ветрењача

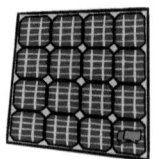

Moduł solarny
соларна плоча

Klimat
клима

Restauracja
ресторан

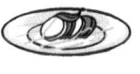

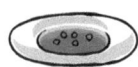

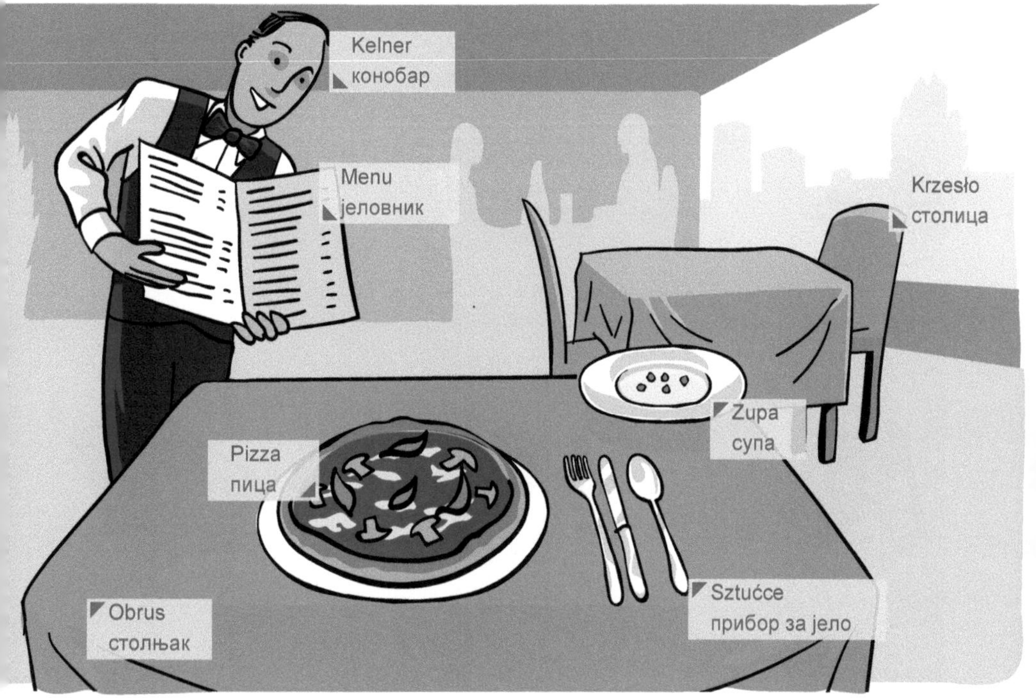
Kelner
конобар
Menu
јеловник
Krzesło
столица
Zupa
супа
Pizza
пица
Sztućce
прибор за јело
Obrus
стољњак

Przystawka

предјело

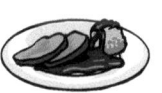

Danie główne

главно јело

Deser

десерт

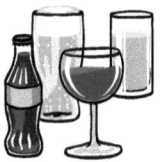

Napoje

напитци

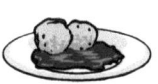

Jedzenie

јело

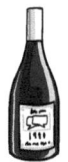

Butelka

флаша

Fastfood

брза храна

Streetfood

имбис храна

Dzbanek na herbatę

чајник

Cukierniczka

доза за шећер

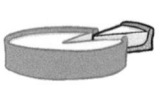

Porcja

порција

Zaparzarka do espresso

апарат за еспресо

Krzesło dla dziecka

висока столица

Rachunek

рачун

Taca

послужавник

Noż

нож

Widelec

виљушка

Łyżka

кашика

Łyżeczka

чајна кашика

Serwetka

салвета

Szklanka

чаша

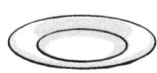

Talerz

тањир

Talerz do zupy

тањир за супу

Podstawek pod filiżankę

тањирић

Sos

сос

Solniczka

сољенка

Młynek do pieprzu

млин за бибер

Ocet

сирће

Olej

уље

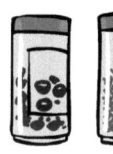

Przyprawy

зачини

Keczup

кечап

Musztarda

сенф

Majonez

мајонеза

Supermarket

супермаркет

Oferta
понуда
FOR
Klient
купац
Produkty mleczne
млечни производи
Owoce
воћe
Wózek sklepowy
колица за куповину

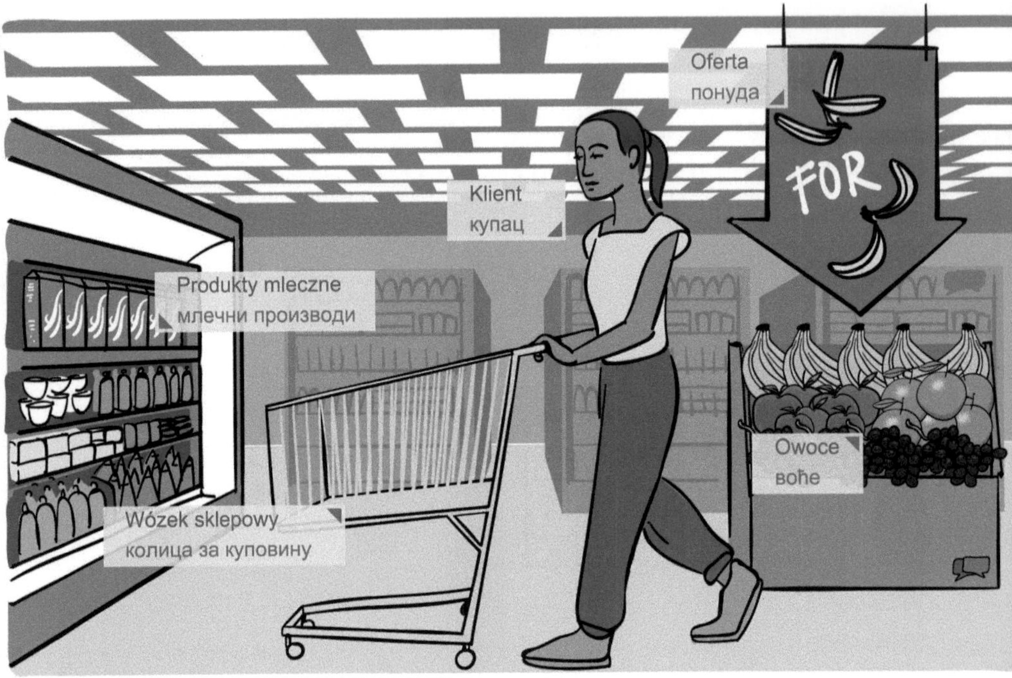

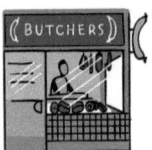

BUTCHERS

Rzeźnia

месница

BAKERY

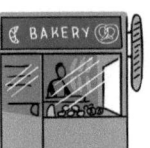

Piekarnia

пекара

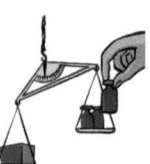

ważyć

вагати

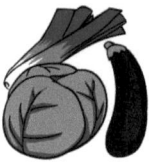

Warzywa

поврће

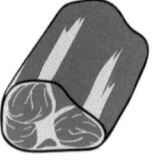

Mięso

месо

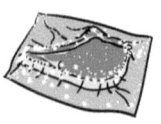

Mrożonki

смрзнута храна

Wędliny

нарезак

Konserwy

конзерве

Proszek m do prania

средство за прање

Słodycze

слаткиши

Artykuły użytku domowego

артикли за домаћинство

Środek czyszczący

средства за чишћење

Sprzedawczyni

продавачица

Kasa

благајна

Kasjer

благајник

Lista zakupów

листа за куповину

Godziny otwarcia

време рада

Portfel

новчаник

Karta kredytowa

кредитна картица

Torba

торба

Torebka plastikowa

пластична кеса

Woda

вода

Sok

сок

Mleko

млеко

Cola

кола

Wino

вино

Piwo

пиво

Alkohol

алкохол

Kakao

какао

Herbata

чај

Kawa

кава

Espresso

еспресо

Cappuccino

капућино

Banan

банана

Jabłko

јабука

Pomarańcza

наранџа

Arbuz

лубеница

Cytryna

лимун

Marchew

шаргарепа

Czosnek

бели лук

Bambus

бамбус

Cebula

лук

Grzyb

гљива

Orzechy

орашасти плодови

Makaron

резанци

Spaghetti

шпагете

Ryż

рижа

Sałatka

салата

Frytki

помфрит

Ziemniaki pieczone

печени крумпир

Pizza

пица

Hamburger

хамбургер

Kanapka

сендвич

Sznycel

шницла

Szynka

шунка

Salami

салама

Kiełbasa

кобасица

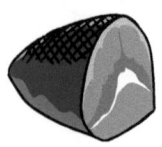

Kura

кокош

Pieczeń

печење

Ryba

риба

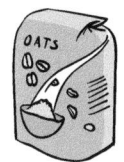

Płatki owsiane

зобене пахуљице

Musli

мусли

Płatki kukurydziane

кукурузне пахуљице

Mąka

брашно

Croissant

кроасан

Bułka

пециво

Chleb

хлеб

Toast

тоаст

Ciastka

кекси

Masło

маслац

Twarożek

свежи сир

Ciasto

колач

Jajko

jaje

Jajko sadzone

jaje на око

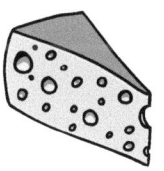

Ser

сир

Lody

сладолед

Cukier

шећер

Miód

мед

Marmolada

мармелада

Krem nugatowy

нугат крема

Curry

кари

Gospodarstwo chłopskie

сеоско газдинство

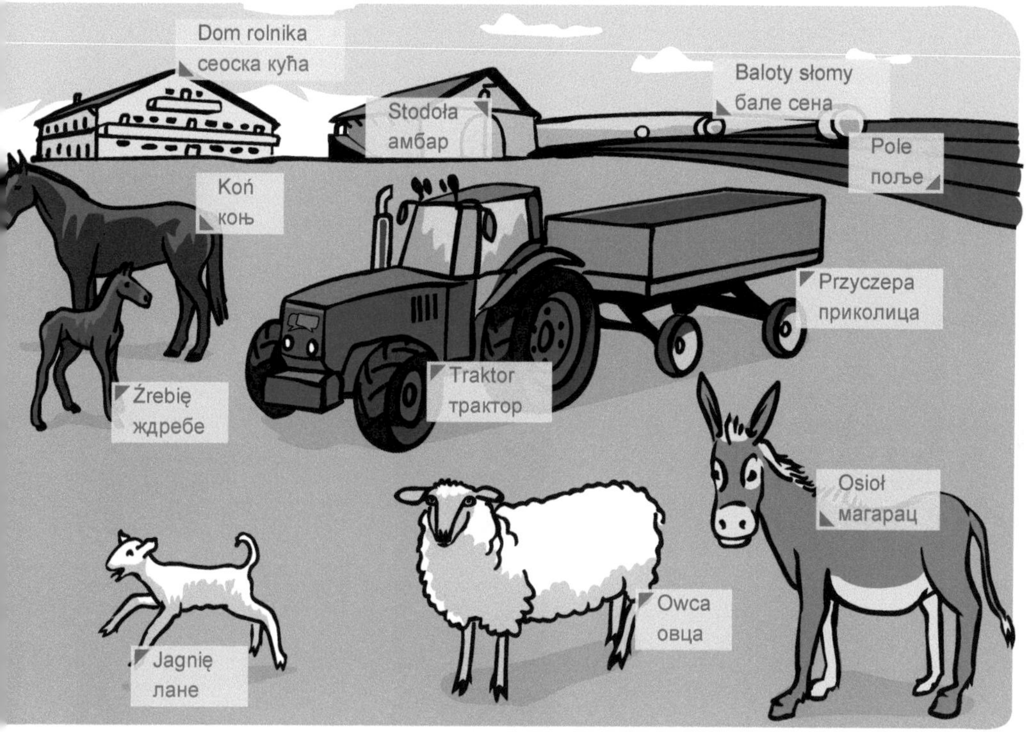

Dom rolnika
сеоска кућа
Stodoła
амбар
Baloty słomy
бале сена
Pole
поље
Koń
коњ
Przyczepa
приколица
Traktor
трактор
Źrebię
ждребе
Osioł
магарац
Owca
овца
Jagnię
лане

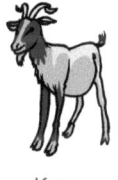

Koza

коза

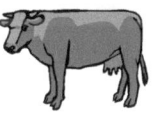

Krowa

крава

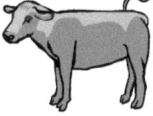

Cielę

теле

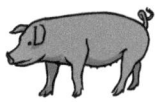

Świnia

свиња

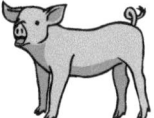

Prosię

прасе

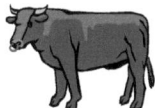

Byk

бик

Gęś

гуска

Kaczka

патка

Kurczątko

пилићи

Kura

кокош

Kogut

петао

Szczur

пацов

Kot

мачка

Mysz

миш

Osioł

вол

Pies

пас

Buda dla psa

кућица за пса

Wąż ogrodowy

вртно црево

Konewka

канта за поливање

Kosa

коса

Pług

плуг

Sierp
срп

Graca
мотика

Widły
виљушка за ђубриво

Siekiera
секира

Taczka
тачке

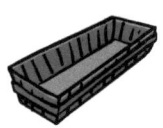

Koryto
корито

Kanka na mleko
посуда за млеко

Worek
врећа

Płot
ограда

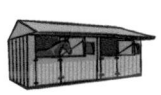

Stajnia
штала

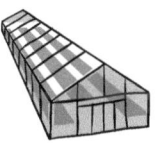

Szklarnia
стакленик

Ziemia
земља

Nasiona
семе

Nawóz
ђубриво

Kombajn zbożowy
комбајн

zbierać

жети

Żniwa

жетва

Podchrzyn

јамс зачин

Pszenica

пшеница

Soja

соја

Ziemniak

крумпир

Kukurydza

кукуруз

Rzepak

уљана репица

Drzewo owocowe

воћка

Maniok

гомољ маниоке

Zboże

житарице

Dom
кућа

Komin
димњак
Dach
кров
Rynna deszczowa
жлеб
Okno
прозор
Garaż
гаража
Dzwonek
звоно
Drzwi
врата
Wiaderko na śmieci
корпа за отпад
Skrzynka na listy
поштанско сандуче
Ogród
врт

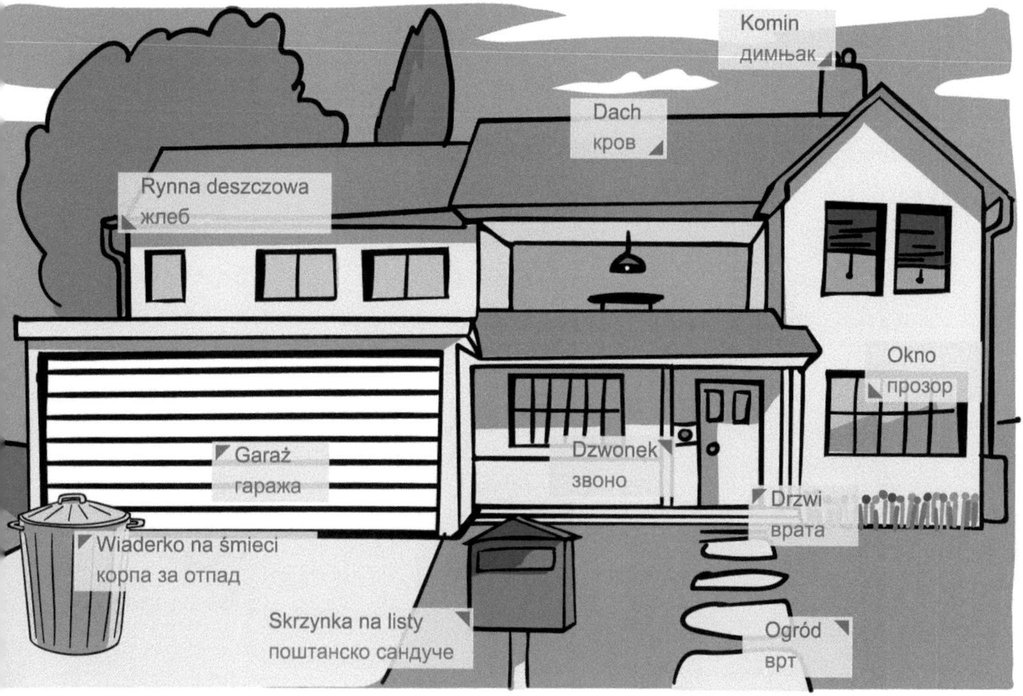

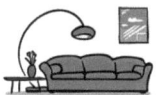

Pokój dzienny

дневна соба

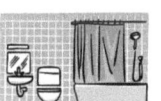

Łazienka

купаоница

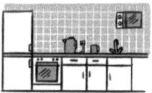

Kuchnia

кухиња

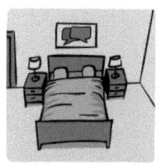

Sypialnia

спаваћа соба

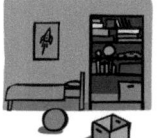

Pokój dziecięcy

дечија соба

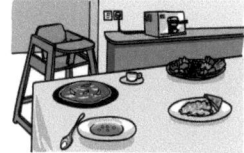

Jadalnia

трпезарија

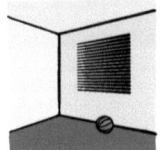

Ziemia

под

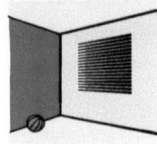

Ściana

зид

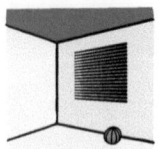

Koc

строп

Piwnica

подрум

Sauna

сауна

Balkon

балкон

Taras

тераса

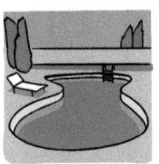

Basen

базен

Kosiarka do trawy

косилица за траву

Poszwa

постељина за кревет

Kołdra

дека за кревет

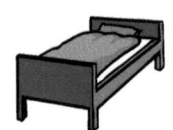

Łóżko

кревет

Miotła

метла

Wiadro

канта

Włącznik

прекидач

Pokój dzienny
дневна соба

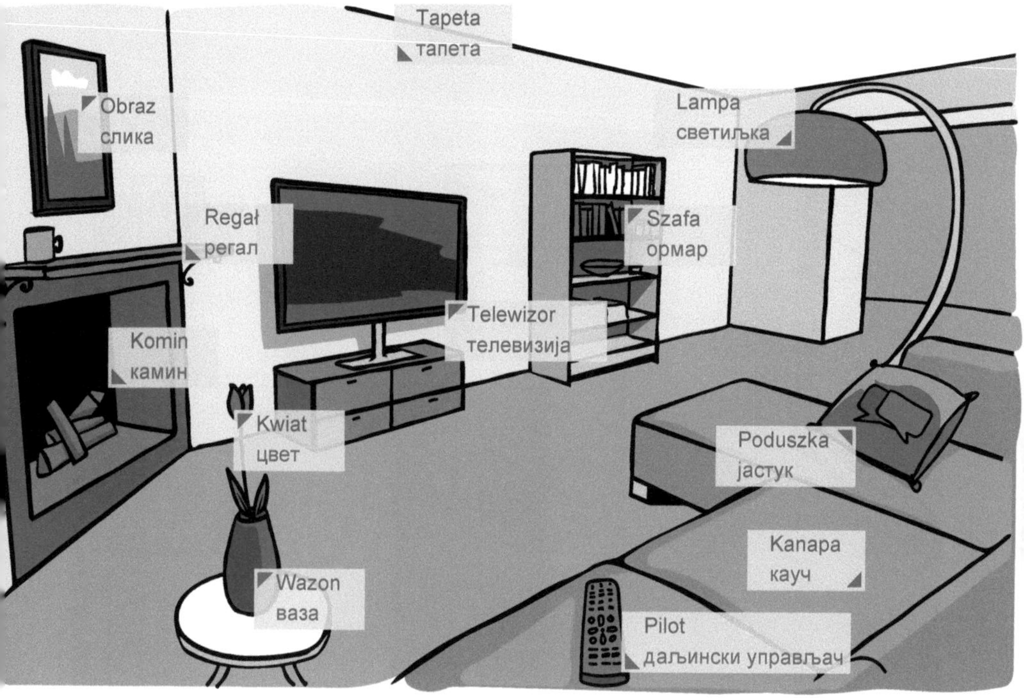
Tapeta
тапета
Obraz
слика
Lampa
светиљка
Regał
регал
Szafa
ормар
Telewizor
телевизија
Komin
камин
Kwiat
цвет
Poduszka
јастук
Kanapa
кауч
Wazon
ваза
Pilot
даљински управљач

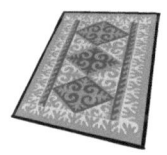

Dywan

тепих

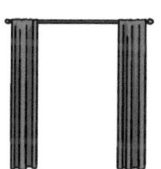

Zasłona

завеса

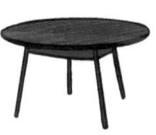

Stół

сто

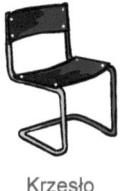

Krzesło

столица

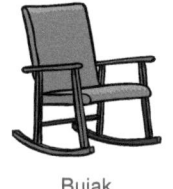

Bujak

столица за њихање

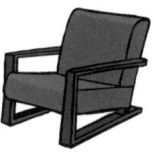

Fotel

фотеља

Książka

књига

Sufit

дека

Dekoracja

декорација

Drewno kominkowe

дрво за огрев

Film

филм

Instalacja stereo

хи-фи уређај

Klucz

кључ

Gazeta

новине

Malunek

слика на платну

Plakat

постер

Radio

радио

Notatnik

блок за писање

Odkurzacz

усисивач

Kaktus

кактус

Świeczka

свећа

Kuchnia
кухиња

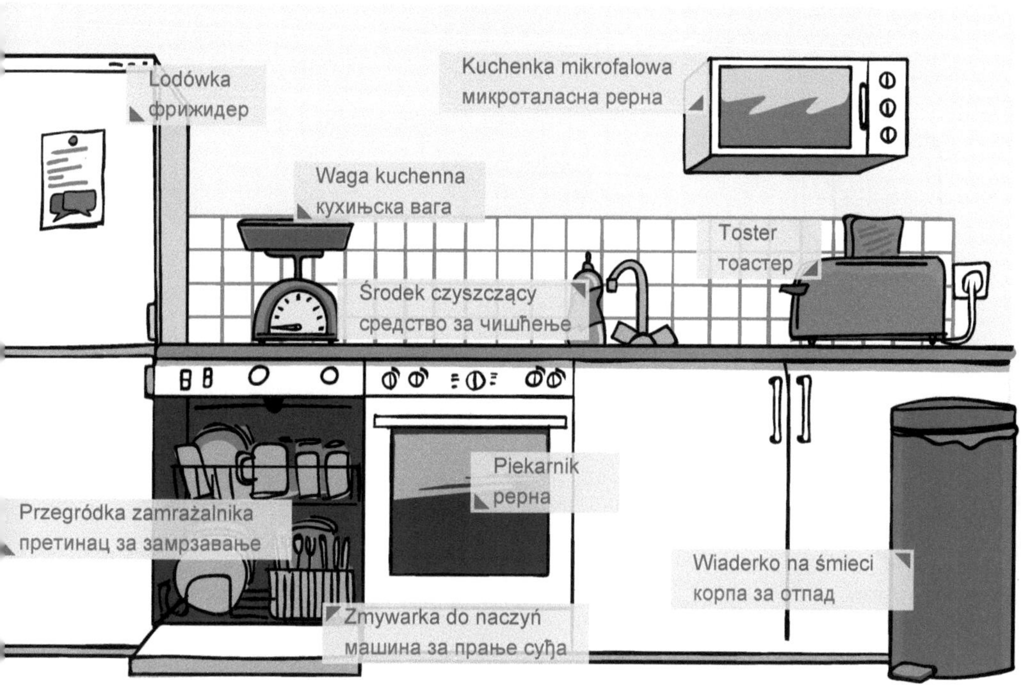

Lodówka
фрижидер
Kuchenka mikrofalowa
микроталасна рерна
Waga kuchenna
кухињска вага
Toster
тоастер
Środek czyszczący
средство за чишћење
Piekarnik
рерна
Przegródka zamrażalnika
претинац за замрзавање
Wiaderko na śmieci
корпа за отпад
Zmywarka do naczyń
машина за прање суђа

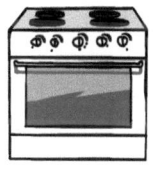

Kuchenka

шпорет

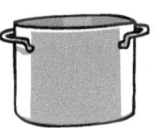

Garnek

лонац

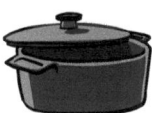

Kocioł żeliwny

гвоздени лонац

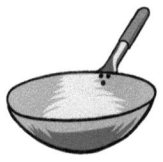

Wok / Kadai

вок / кадаи

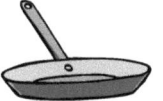

Patelnia

тава

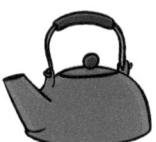

Czajnik

кувало за воду

Parowar

кувало на пару

Blacha do pieczenia

лим за печење

Naczynia kuchenne

посуђе

Kubek

чаша

Miska

посуда

Pałeczki

штапићи за јело

Nabierka

кутлача

Łopatka do smażenia

лопатица

Trzepaczka do śmietany

пењача

Cedzak

сито за кување

Sitko

сито

Tarka

рибеж

Moździerz

мужар

Grillowanie

роштиљ

Palenisko

огњиште

Deska

даска

Wałek do ciasta

оклагија

Korkociąg

вадичеп

Puszka

конзерва

Otwieracz do puszek

отварач конзерви

Ściereczka do trzymania garnka

крпа за лонац

Umywalka

судопер

Szczotka

четка

Gąbka

сунђер

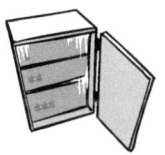

Mikser

миксер

Zamrażarka

замрзивач

Butelka dla niemowlęcia

флашица за бебе

Kran

славина за воду

Łazienka
купаоница

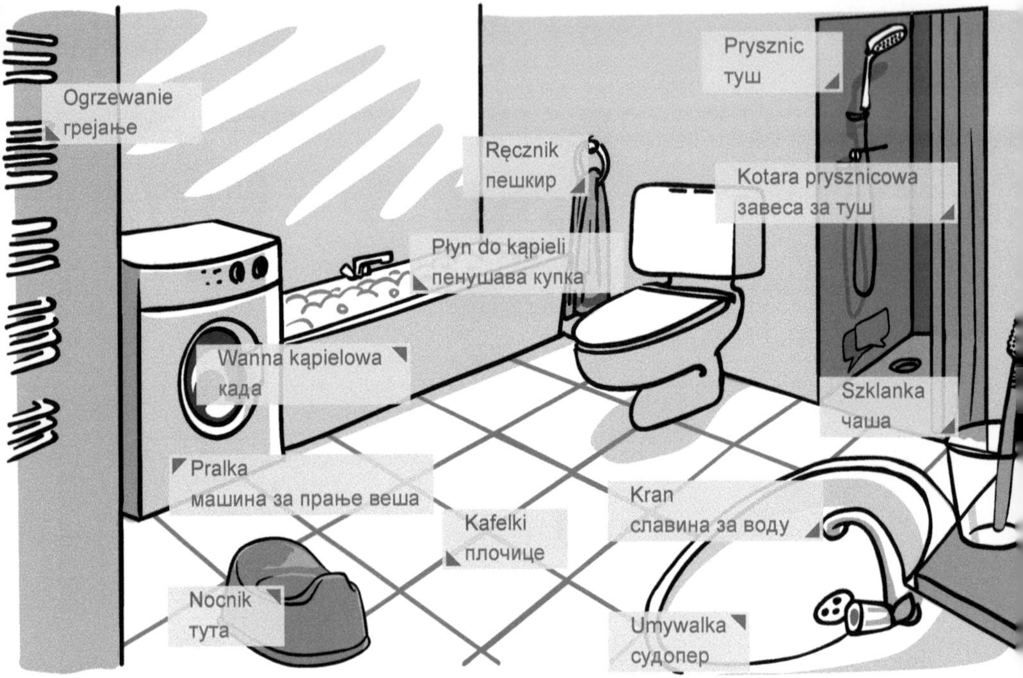

Prysznic
туш
Ogrzewanie
грејање
Ręcznik
пешкир
Kotara prysznicowa
завеса за туш
Płyn do kąpieli
пенушава купка
Wanna kąpielowa
када
Szklanka
чаша
Pralka
машина за прање веша
Kran
славина за воду
Kafelki
плочице
Nocnik
тута
Umywalka
судопер

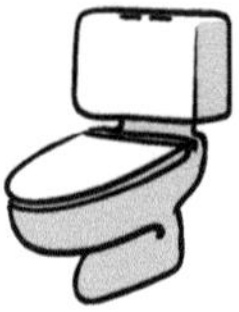

Toaleta
тоалет

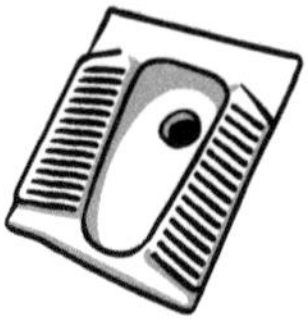

Toaleta kuczna
чучавац

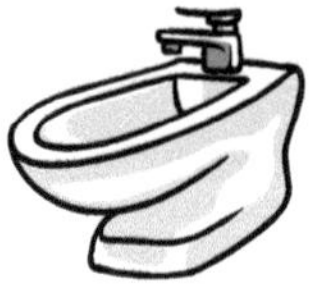

Bidet
бидет

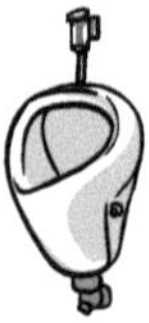

Pisuar
писоар

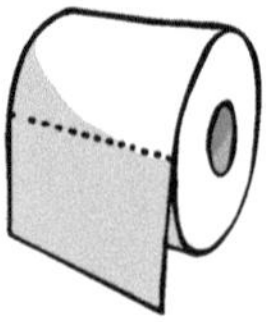

Papier toaletowy
тоалетни папир

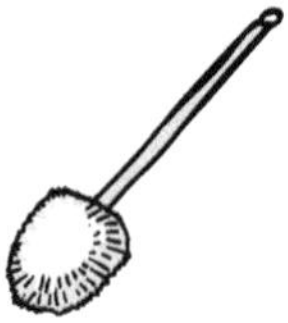

Szczotka toaletowa
четка за тоалет

Szczoteczka do zębów

четкица за зубе

Pasta do zębów

паста за зубе

Nitki do czyszczenia zębów

конац за зубе

myć

прати

Głowica prysznicowa

туш ручица

Płyn kąpielowy do higieny intymnej

туш за прање интимних делова

Miska do mycia

лавор

Szczotka kąpielowa

четка за прање леђа

Mydło

сапун

Żel prysznicowy

гел за туширање

Szampon

шампон

Rękawica kąpielowa

крпа за прање

Odpływ

одвод

Krem

крема

Dezodorant

дезодоранс

Lustro

огледало

Lustro kosmetyczne

козметичко огледало

Golarka

бријач

Pianka do golenia

пена за бријање

Woda po goleniu

лосион за после бријања

Grzebień

чешаљ

Szczotka

четка

Suszarka do włosów

фен за косу

Spray do włosów

спреј за косу

Makijaż

шминка

Pomadka

руж за усне

Lakier do paznokci

лак за нокте

Wata

вата

Nożyczki do paznokci

маказе за нокте

Perfum

парфем

Kosmetyczka

козметичка торбица

Taboret

столица

Waga

вага

Szlafrok kąpielowy

огртач

Rękawice gumowe

рукавице за чишћење

Tampon

тампон

Podpaska damska

уложак

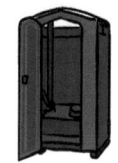

Toaleta chemiczna

хемијски тоалет

Pokój dziecięcy

дечија соба

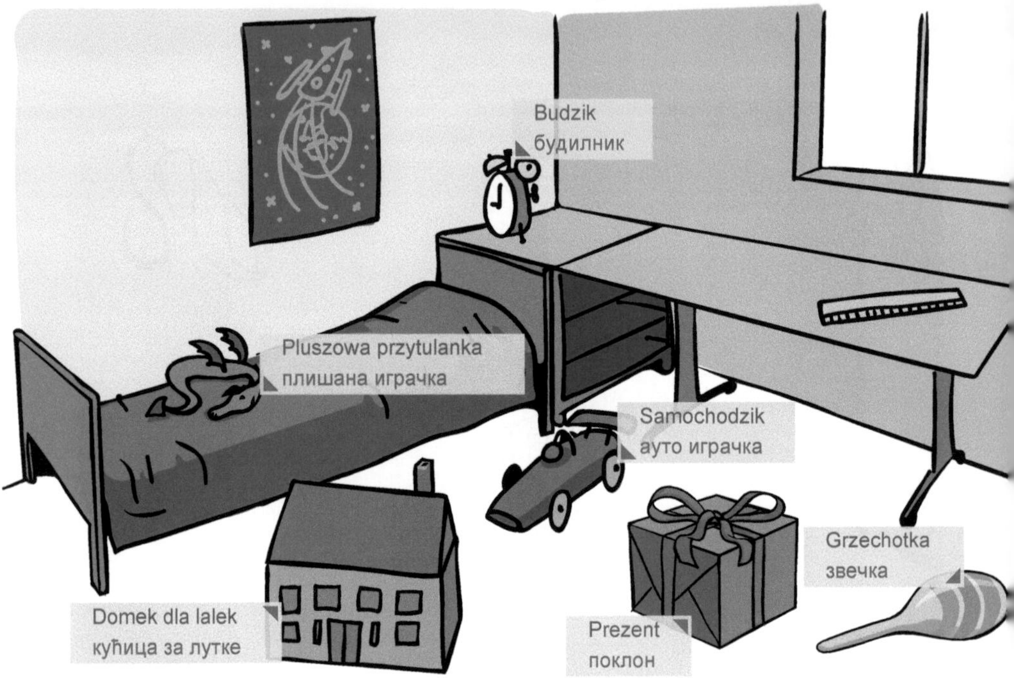

Budzik
будилник
Pluszowa przytulanka
плишана играчка
Samochodzik
ауто играчка
Grzechotka
звечка
Domek dla lalek
кућица за лутке
Prezent
поклон

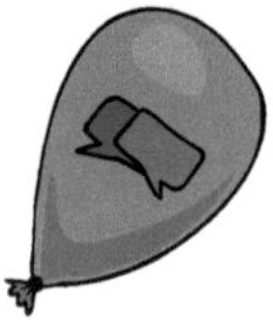

Balon
балон

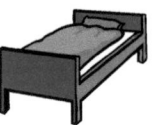

Łóżko
кревет

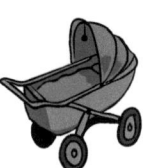

Wózek dziecięcy
дјечија колица

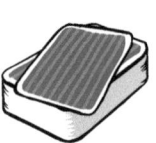

Gra w karty
игра са картама

Puzzle
слагалица

SUPER
MEGA

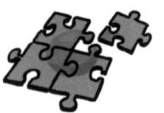

Komiks
стрип

Klocki lego

лего коцкице

Klocki

коцкице за слагање

Action figura

акциони јунак

Śpioszek dziecięcy

бенкица за бебе

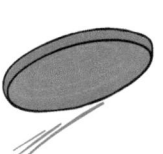

Frisbee

фризби

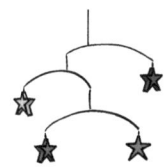

Zabawki ruchome

висеће играчке

Gra planszowa

друштвене игре

Kości

коцка

Kolejka elektryczna

минијатурна жељезница

Smoczek

дуда

Przyjęcie

забава

Książka z ilustracjami

сликовница

Piłka

лопта

Lalka

лутка

bawić się

играти

Piaskownica

пешчаник

Huśtawka

љуљачка

Zabawki

играчка

Konsola do gier

конзола за игре

Rowerek trójkołowy

трицикл

Pluszowy miś

теди

Szafa ubraniowa

ормар

Ubiór

одећа

Skarpety

кратке чарапе

Pończochy

чарапе

Rajstopy

хулахопке

Szal
шал

Parasol
кишобран

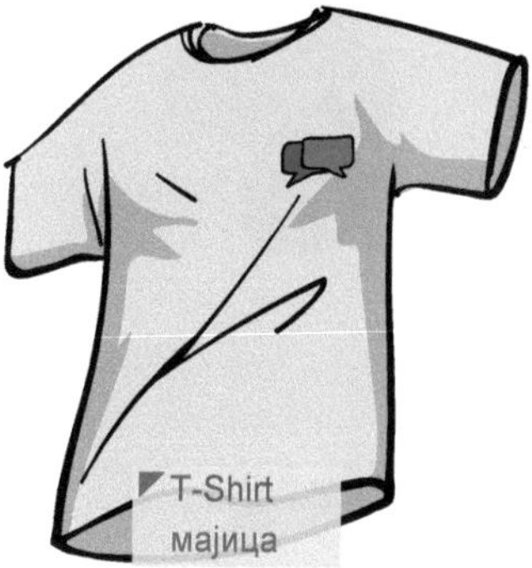

Pasek
каиш

T-Shirt
мајица

Obuwie sportowe
патике

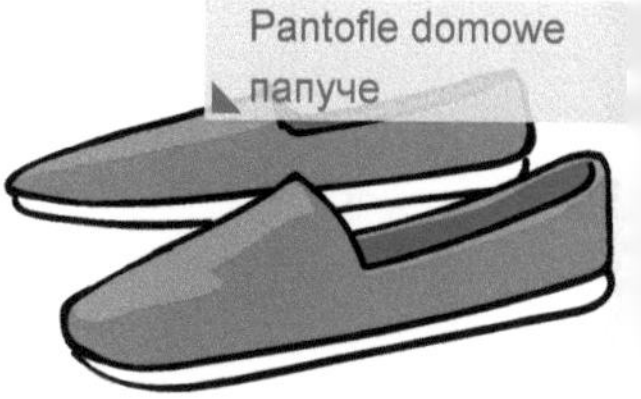

Kozaki
чизме

Pantofle domowe
папуче

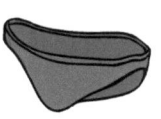

Sandały
сандале

Buty
ципеле

Kalosze
гумене чизме

Majtki
гаћице

Biustonosz
грудњак

Podkoszulek
поткошуља

Ubiór - одећа

Body

боди

Spodnie

панталоне

Dżins

фармерке

Spódnica

сукња

Bluzka

блуза

Koszula

кошуља

Pulower

џемпер

Bluza sportowa

џемпер с капуљачом

Marynarka

сако

Kurtka

jакна

Płaszcz

мантил

Płaszcz przeciwdeszczowy

кабаница

Kostium

костим

Sukienka

хаљина

Suknia ślubna

венчаница

46   Ubiór - одећа

Garnitur męski

одело

Koszula nocna

спаваћица

Piżama

пиџама

Sari

сари

Chusta na głowę

марама за главу

Turban

турбан

Burka

бурка

Kaftan

кафтан

Abaya

абаја

Strój kąpielowy

купаћи костим

Kąpielówki

купаће гаћице

Krótkie spodnie

кратке панталоне

Dres sportowy

одећа за тренинг

Fartuch

кецеља

Rękawiczki

рукавице

Guzik

дугме

Okulary

наочаре

Bransoletka

наруквица

Łańcuszek

огрлица

Pierścionek

прстен

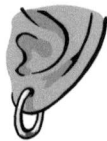

Kolczyk

наушница

Czapka

капа

Wieszak

вешалица

Kapelusz

шешир

Krawat

краватa

Zamek błyskawiczny

патент затварач

Kask

кацига

Szelki

нараменице

Mundurek szkolny

школска униформа

Mundur

униформа

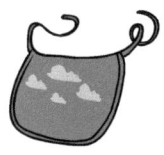

Śliniaczek

подбрадак

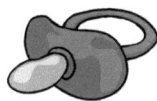

Smoczek

дуда

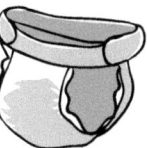

Pieluszka

пелена

Biuro

канцеларија

Serwer
сервер
Szafa na akta
ормар за списе
Drukarka
штампач
Papier
папир
Monitor
монитор
Biurko
писаћи сто
Mysz
миш
Segregator
мапа
Klawiatura
тастатура
Kosz na odpadki
кошара за папир
Komputer
компјутер
Krzesło
столица

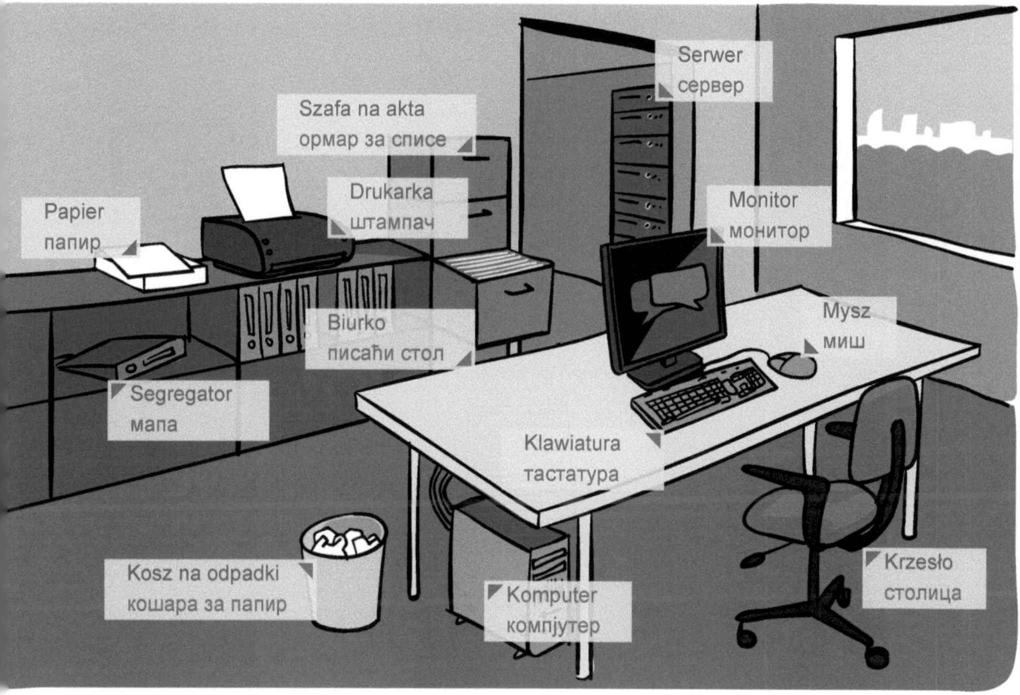

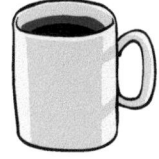

Filiżanka do kawy

шалица за каву

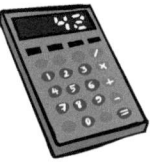

Kalkulator

калкулатор

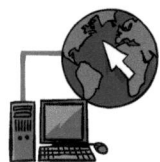

Internet

интернет

Laptop
лаптоп

List
писмо

Wiadomość
порука

Komórka
мобилни телефон

Sieć
мрежа

Kopiarka
уређај за копирање

Oprogramowanie
софтвер

Telefon
телефон

Gniazdko
утичница

Faks
факс

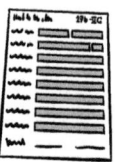

Formularz
формулар

Dokument
документ

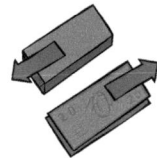

kupić
......
куповати

płacić
......
платити

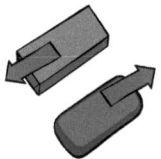

postępować
......
трговати

Pieniądze
......
новац

USD

Dolar
......
долар

EUR

Euro
......
евро

JPY

Jen
......
јен

**RUB**

Rubel
......
рубља

**CHF**

Frank
......
швајцарски франак

CNY

Juan Renminbi
......
ренминдби јуан

**INR**

Rupia
......
рупија

Bankomat
......
аутомат за новац

Kantor wymiany walut

мењачница

Złoto

злато

Srebro

сребро

Olej

нафта

Energia

енергија

Cena

цена

Umowa

уговор

Podatek

порез

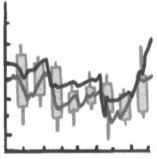

Akcja

деонице

pracować

радити

Pracownik umysłowy

службеник

Pracodawca

послодавац

Fabryka

фабрика

Sklep

продавница

Zawody
занимања

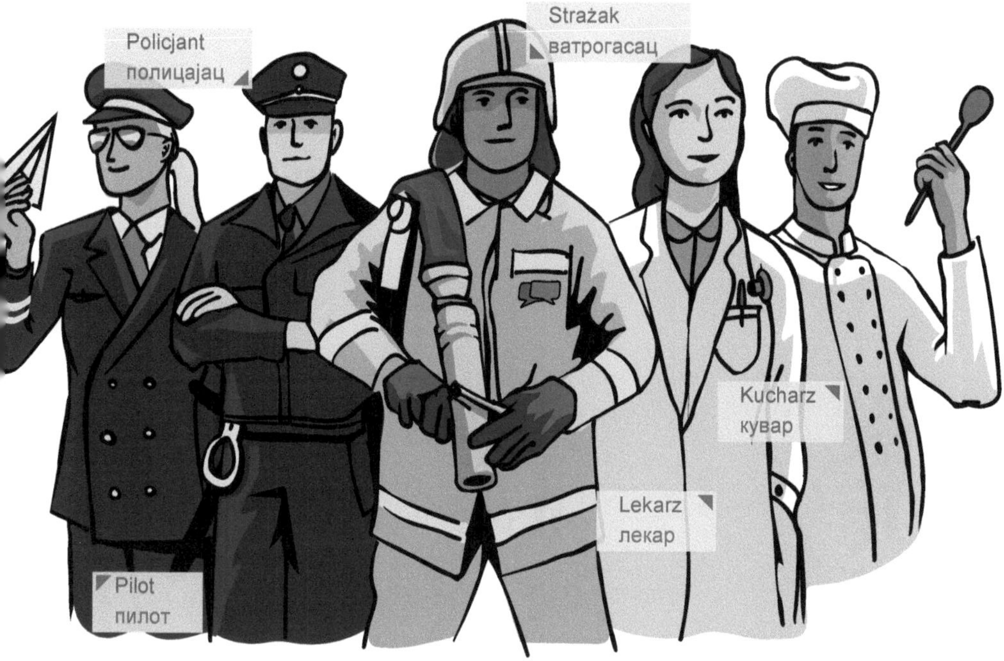
Policjant
полицајац
Strażak
ватрогасац
Kucharz
кувар
Lekarz
лекар
Pilot
пилот

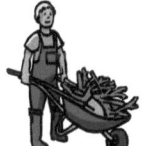

Ogrodnik

вртлар

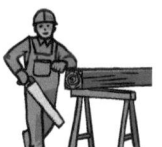

Stolarz

столар

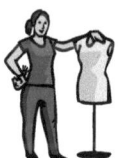

Krawcowa

кројачица

Sędzia

судија

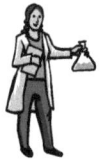

Chemik

хемичар

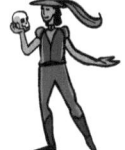

Aktor

глумац

Kierowca autobusu

возач аутобуса

Taksówkarz

возач таксија

Fischer

рибар

Sprzątaczka

чистачица

Dekarz

кровопокривач

Kelner

конобар

Myśliwy

ловац

Malarz

сликар

Piekarz

пекар

Elektryk

електричар

Robotnik budowlany

грађевински радник

Inżynier

инжењер

Rzeźnik

месар

Instalator

лимар

Listonosz

поштар

Żołnierz

војник

Architekt

архитекта

Kasjer

благајник

Florysta

цвећар

Fryzjer

фризер

Konduktor

кондуктер

Mechanik

механичар

Kapitan

капетан

Dentysta

зубар

Naukowiec

научник

Rabin

раби

Imam

имам

Mnich

монах

Proboszcz

свећеник

Narzędzia

алати

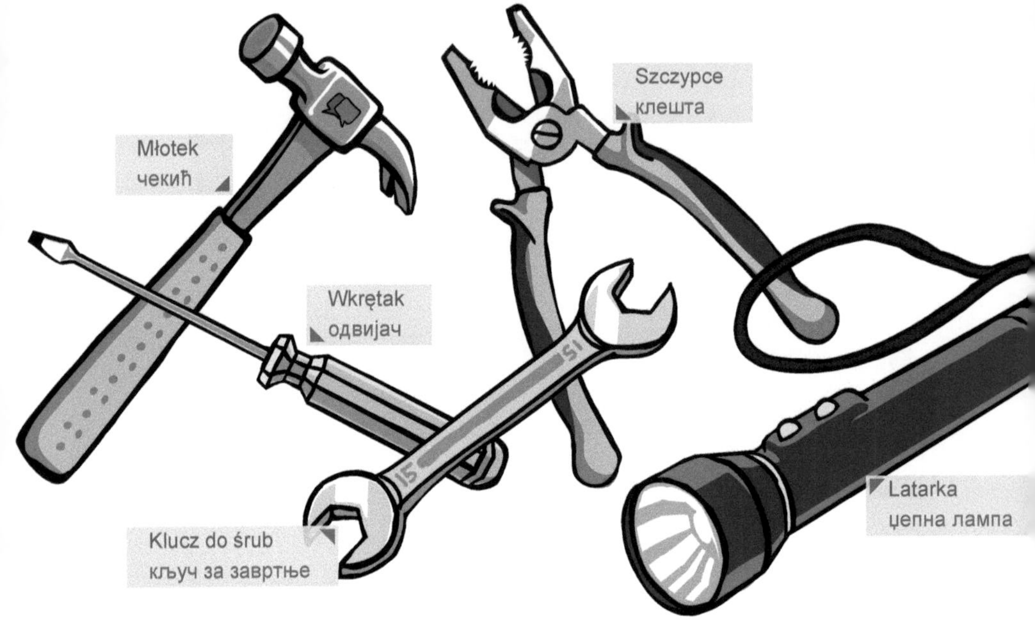
Młotek
чекић
Szczypce
клешта
Wkrętak
одвијач
Klucz do śrub
кључ за завртње
Latarka
џепна лампа

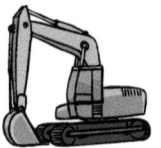

Koparka

багер

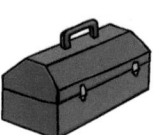

Skrzynka narzędziowa

кутија за алат

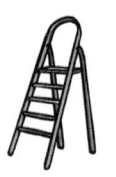

Drabina

мердевине

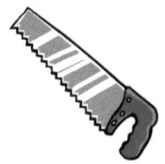

Piła

пила

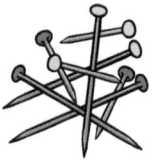

Gwoździe

ексер

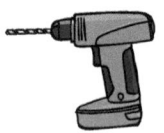

Wiertło

бушилица

naprawić

поправити

Łopatka

лопата

Cholera!

до ђавола!

Szufelka

лопатица

Puszka z farbą

лонац за боју

Śruby

завртањи

Instrumenty muzyczne
музички инструмент

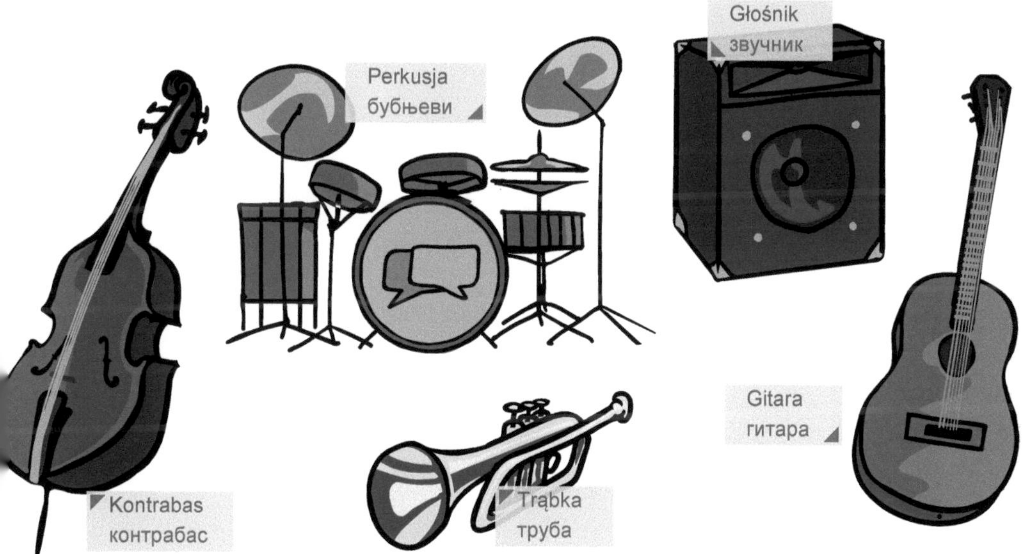

Głośnik
звучник

Perkusja
бубњеви

Kontrabas
контрабас

Trąbka
труба

Gitara
гитара

Pianino

клавир

Skrzypce

виолина

Bas

бас

Kotły

тимпани

Bęben

ударальке за бубњеве

Keyboard

типке клавира

Saksofon

саксофон

Flet

флаута

Mikrofon

микрофон

Zoo

зоолошки врт

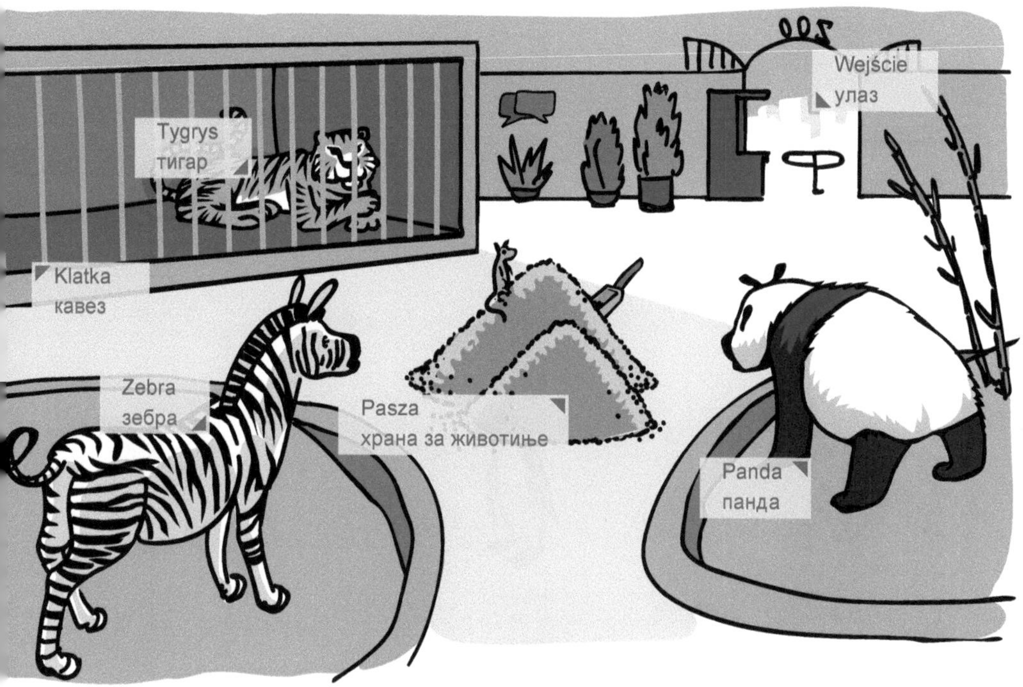

Tygrys
тигар
Wejście
улаз
Klatka
кавез
Zebra
зебра
Pasza
храна за животиње
Panda
панда

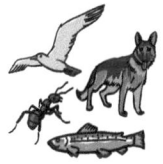

Zwierzęta

животиње

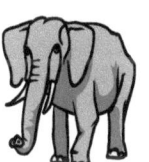

Słoń

слон

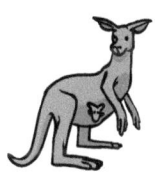

Kangur

кенгур

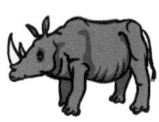

Nosorożec

носорог

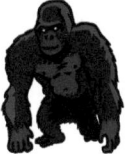

Goryl

горила

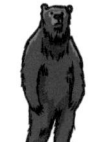

Niedźwiedź

медвед

Wielbłąd

камила

Struś

ној

Lew

лав

Małpa

мајмун

Fleming

фламинго

Papuga

папагај

Niedźwiedź polarny

поларни медвед

Pingwin

пингвин

Rekin

ајкула

Paw

паун

Wąż

змија

Krokodyl

крокодил

Dozorca w zoo

чувар у зоолошком врту

Foka

туљан

Jaguar

јагуар

Kucyk

пони

Gepard

леопард

Hipopotam

нилски коњ

Żyrafa

жирафа

Orzeł

орао

Dzik

дивља свиња

Ryba

риба

Żółw

корњача

Mors

морж

Lis

лисица

Gazela

газела

Futbol amerykański
амерички ногомет

Kolarstwo
бициклизам

Tenis
тенис

Koszykówka
кошарка

Pływanie
пливање

Boks
бокс

Hokej na lodzie
хокеј на леду

Piłka nożna
фудбал

Badminton
бадминтон

Lekka atletyka
атлетика

Piłka ręczna
рукомет

Narciarstwo
скијање

Polo
поло

Działania

активности

skakać
скочити
objąć
загрлити
śmiać się
смејати се
iść
ићи
śpiewać
певати
marzyć
сањати
modlić się
молити се
całować
пољубити

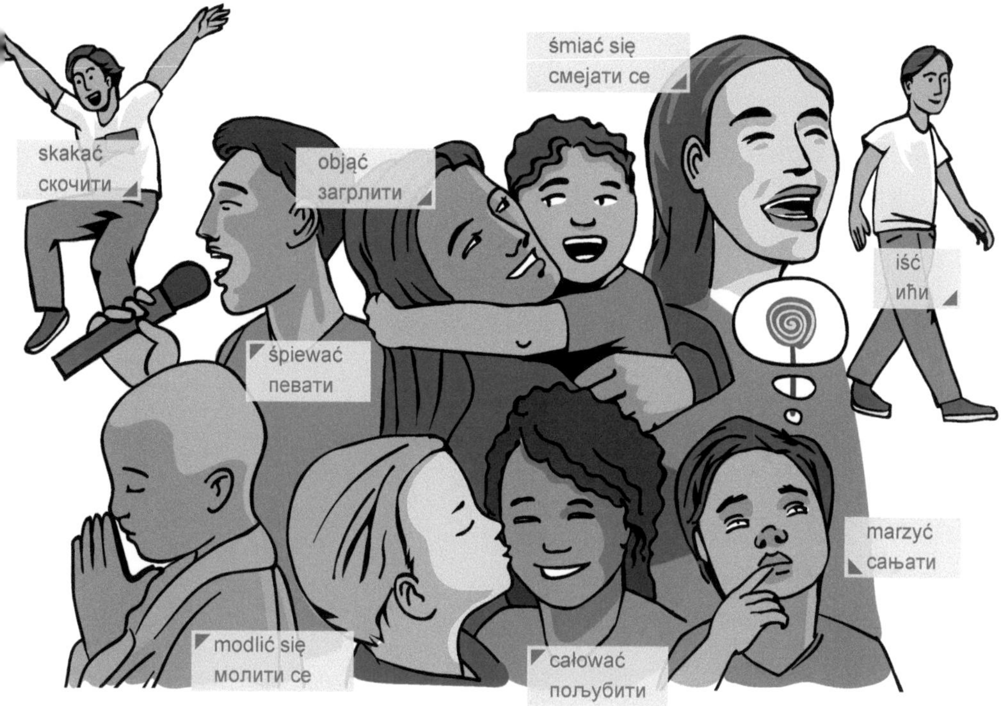

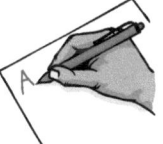

pisać

писати

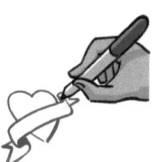

rysować

цртати

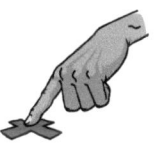

pokazywać

показати

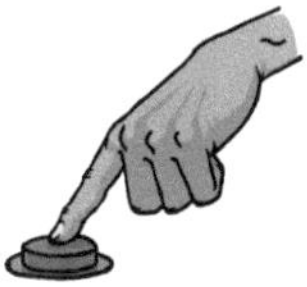

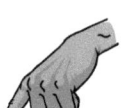

nacisnąć

гурати

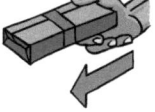

dać

дати

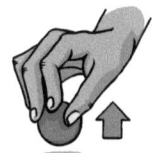

wziąć

узети

mieć

имати

robić

чинити

być

бити

stać

стојати

biegać

трчати

ciągnąć

повлачити

rzucać

бацити

spaść

падати

leżeć

лежати

czekać

чекати

nosić

носити

siedzieć

седити

zakładać

облачити

spać

спавати

budzić się

пробудити се

spojrzeć

гледати

płakać

плакати

głaskać

миловати

czesać się

чешљати

mówić

говорити

rozumieć

разумети

pytać

питати

słyszeć

слушати

pić

пити

jeść

јести

sprzątać

поспремити

kochać

волети

gotować

кухати

jechać

возити

latać

летети

żeglować

пловити

liczyć

рачунати

czytać

читати

uczyć się

учити

pracować

радити

wejść w związek małżeński

венчати се

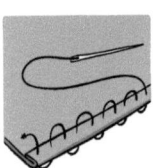

szyć

шити

myć zęby

прати зубе

zabić

убити

palić tytoń

пушити

wysłać

послати

Rodzina

породица

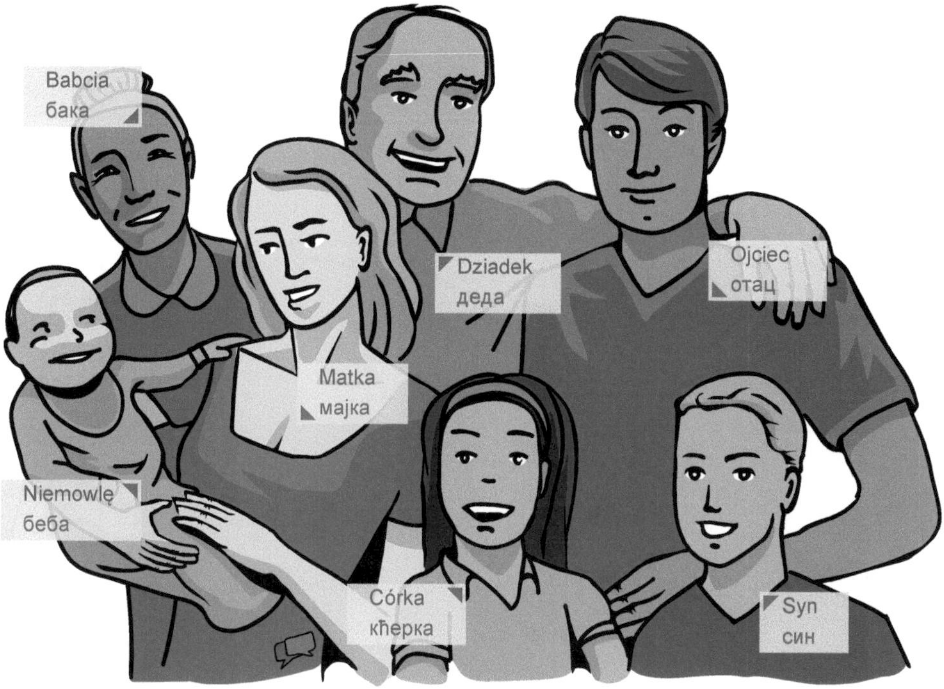
Babcia
бака
Dziadek
деда
Ojciec
отац
Matka
мајка
Niemowlę
беба
Córka
кћерка
Syn
син

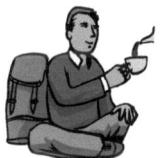

Gość

гост

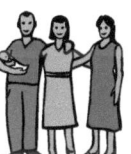

Ciotka

тетка

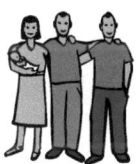

Wujek

ујак, стриц

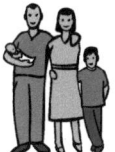

Brat

брат

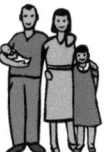

Siostra

сестра

Ciało

тело

Czoło
чело
Oko
око
Ramię
раме
Palec
прст
Twarz
лице
Broda
брада
Ręka
рука
Noga
нога
Pierś
груди
Ramię
рука

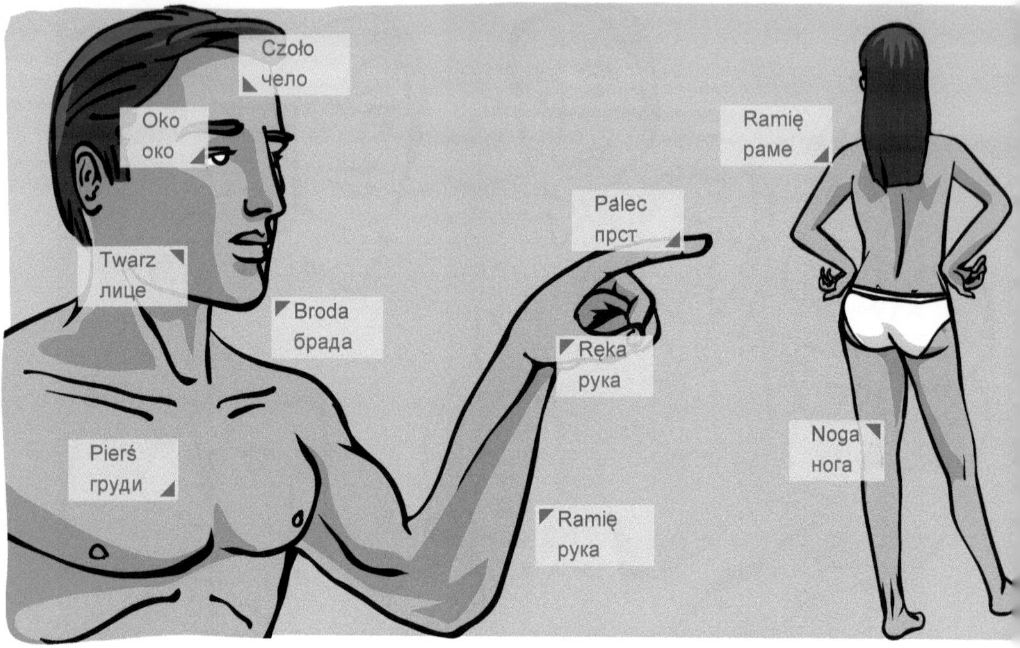

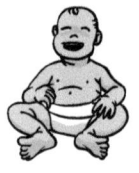

Niemowlę
беба

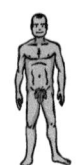

Mężczyzna
мушкарац

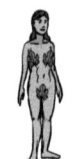

Kobieta
жена

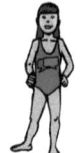

Dziewczyna
девојчица

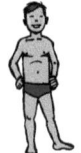

Chłopiec
дечак

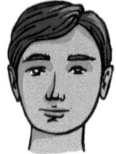

Głowa
глава

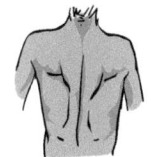	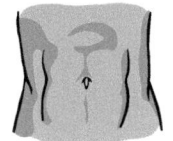	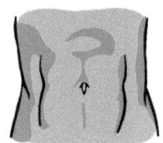
Plecy	Brzuch	Pępek
леђа	стомак	пупак

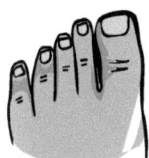	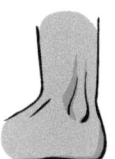	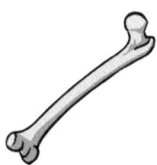
palec nogi	Pięta	Kość
ножни прст	пета	кост

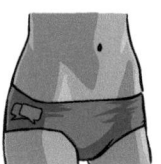	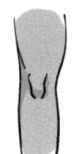	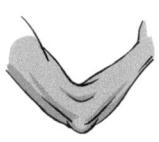
Biodro	Kolano	Łokieć
кукови	колено	лакат

	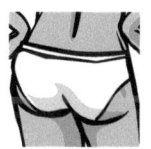	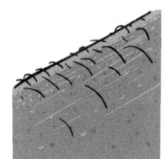
Nos	Pośladki	Skóra
нос	задњица	кожа

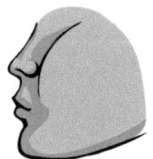	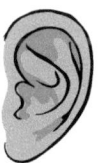	
Policzek	Uszy	Warga
образ	уво	усна

Ciało - тело

Usta

уста

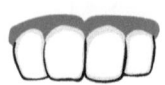

Ząb

зуб

Język

језик

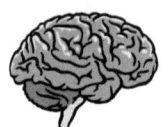

Mózg

мозак

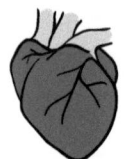

Serce

срце

Mięsień

мишић

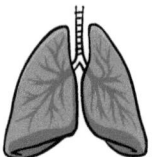

Płuca

плућа

Wątroba

јетра

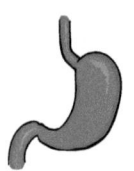

Żołądek

желудац

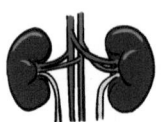

Nerki

бубрези

Stosunek płciowy

полни однос

Kondom

кондом

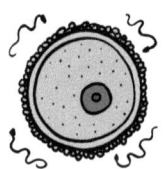

Komórka jajowa

јајна ћелија

Sperma

сперма

Ciąża

трудноћа

Ciało - тело

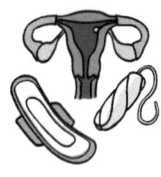

Menstruacja

менструација

Wagina

вагина

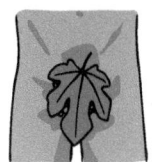

Penis

пенис

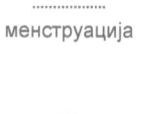

Brew

обрва

Włosy

коса

Szyja

врат

Szpital
болница

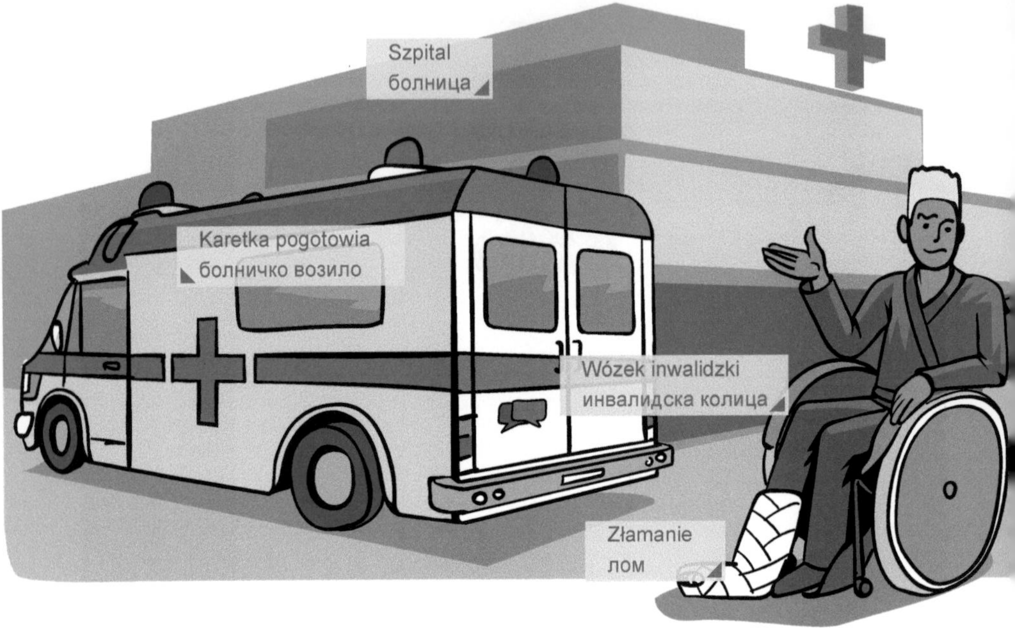

Szpital
болница
Karetka pogotowia
болничко возило
Wózek inwalidzki
инвалидска колица
Złamanie
лом

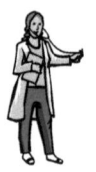

Lekarz

лекар

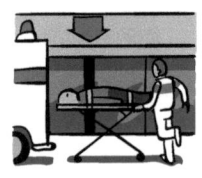

Izba przyjęć

хитна медицинска служба

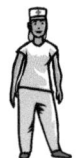

Pielęgniarka

медицинска сестра

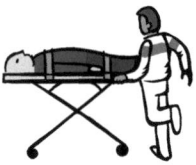

Nagły przypadek

хитни случај

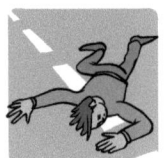

nieprzytomny

несвест

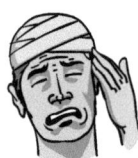

Ból

бол

Skaleczenie

повреда

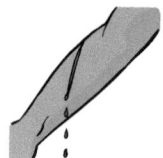

Krwawienie

крварење

Zawał serca

срчани удар

Udar mózgu

удар

Alergia

алергија

Kaszleć

кашаљ

Gorączka

грозница

Grypa

грипа

Biegunka

пролив

Ból głowy

главобоља

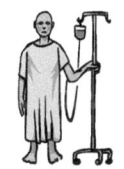

Rak

рак

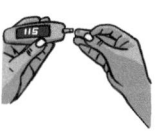

Cukrzyca

дијабетес

Chirurg

хирург

Skalpel

скалпел

Operacja

операција

CT
цт

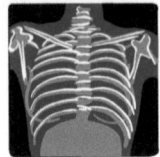

Rentgen
рентген

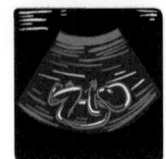

Ultradźwięki
ултразвук

Maska
маска

Choroba
болест

Poczekalnia
чекаона

Kula
штака

Plaster
фластер

Opatrunek
завој

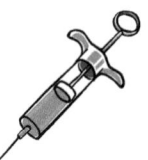

Iniekcja
ињекција

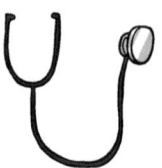

Stetoskop
стетоскоп

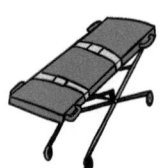

Nosze
носила

Termometr
термометар

Poród
порђење

Nadwaga
прекомерна тежина

Aparat słuchowy

слушни апарат

Środek dezynfekcyjny

средство за дезинфекцију

Infekcja

инфекција

Wirus

вирус

HIV / AIDS

хив / аидс

Medycyna

медицина

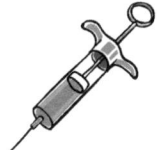

Szczepienie

вакцинација

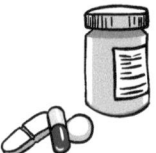

Tabletki

таблете

Pigułka

пилула

Telefon ratunkowy

хитни позив

Ciśnieniomierz krwi

уређај за мерење
притиска

chory / zdrowy

болесно / здраво

Pomocy!

помоћ!

Alarm

аларм

Napad

насртај

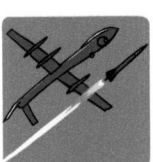

Atak

напад

Niebezpieczeństwo

опасност

Wyjście awaryjne

излаз у случају нужде

Pożar!

пожар!

Gaśnica

противпожарни апарат

Wypadek

незгоца

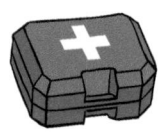

Walizeczka pierwszej pomocy

кутија прве помоћи

SOS

сос

Policja

полиција

Europa

Европа

Ameryka Północna

Северна Америка

Ameryka Południowa

Јужна Америка

Afryka

Африка

Azja

Азија

Australia

Аустралија

Atlantyk

Атлантик

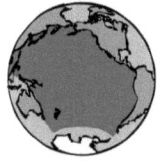

Pacyfik

Пацифик

Ocean Indyjski

Индијски океан

Ocean Antarktyczny

Антарктички океан

Ocean Arktyczny

Арктички океан

Biegun północny

Северни рол

Biegun południowy

Јужни рол

Antarktyda

Антарктик

Ziemia

земља

Kraj

земља

Morze

море

Wyspa

оток

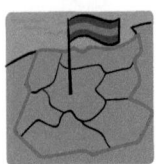

Naród

нација

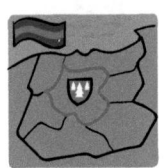

Państwo

држава

Cyferblat

бројчаник сата

Wskazówka godzinowa

сатна казаљка

Wskazówka minutowa

минутна казаљка

Wskazówka sekundowa

секундна казаљка

Która godzina?

Колико је сати?

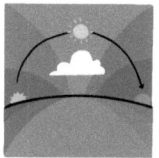

Dzień

дан

Czas

време

teraz

сада

Zegarek digitalny

дигитални сат

Minuta

минута

Godzina

час

Tydzień
седмица

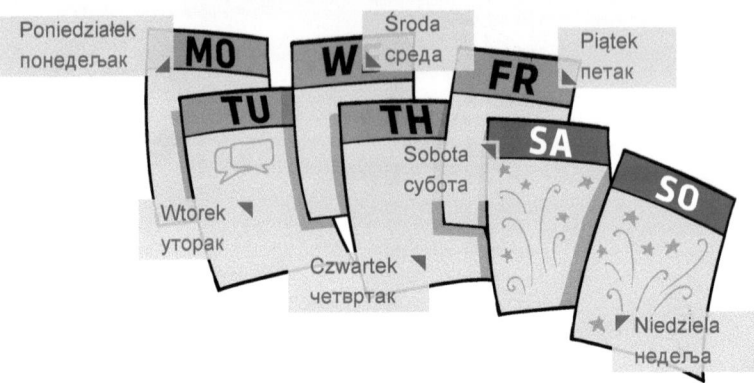

Poniedziałek
понедељак

Środa
среда

Piątek
петак

Wtorek
уторак

Sobota
субота

Czwartek
четвртак

Niedziela
недеља

wczoraj

jyче

dzisiaj

данас

jutro

сутра

Rano

jyтро

Południe

подне

Wieczór

вече

MO	TU	WE	TH	FR	SA	SU
1	2	3	4	5	6	7
8	9	10	11	12	13	14
15	16	17	18	19	20	21
22	23	24	25	26	27	28
29	30	31	1	2	3	4

Dni robocze

радни дани

MO	TU	WE	TH	FR	SA	SU
1	2	3	4	5	6	7
8	9	10	11	12	13	14
15	16	17	18	19	20	21
22	23	24	25	26	27	28
29	30	31	1	2	3	4

Weekend

викенд

Rok

година

Deszcz
киша
Tęcza
дуга
Wiatr
ветар
Śnieg
снег
Wiosna
пролеће
Lato
лето
Jesień
јесен
Zima
зима

4.APRIL 11°
5.APRIL 4°
6.APRIL 13°
7.APRIL 8°
8.APRIL 10°

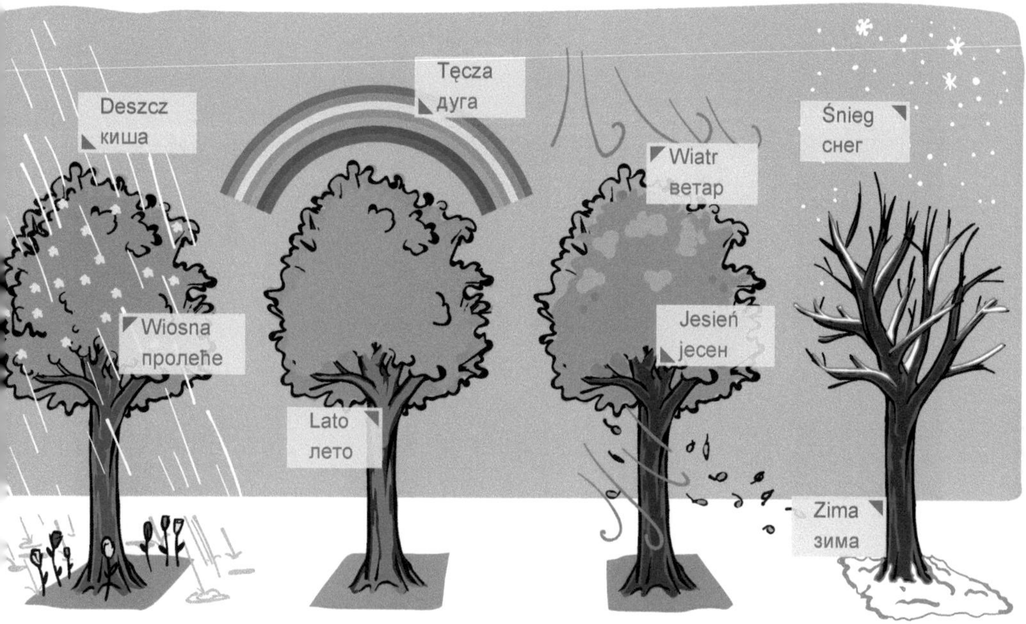

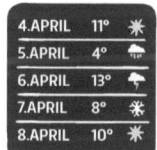

Prognoza pogody

метеоролошка прогноза

F C
120 40
90 30
60 20
30 10
0 0
-30 -10
-20

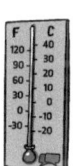

Termometr

термометар

Światło słoneczne

сунчана светлост

Chmura

облак

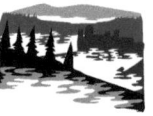

Mgła

магла

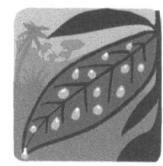

Wilgotność powietrza

влажност ваздуха

Błyskawica

муња

Grzmot

грмљавина

Sztorm

олуја

Grad

туча

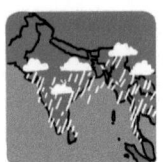

Monsun

монсун

Potop

поплава

Lód

лед

Styczeń

јануар

Luty

фебруар

Marzec

март

Kwiecień

април

Maj

мај

Czerwiec

јуни

Lipiec

јули

Sierpień

август

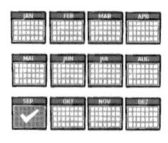

Wrzesień
....
септембар

Październik
....
октобар

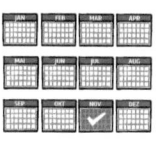

Listopad
....
новембар

Grudzień
....
децембар

Koło
....
круг

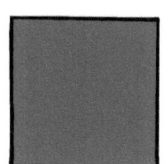

Kwadrat
....
квадрат

Prostokąt
....
правоугао

Trójkąt
....
троугао

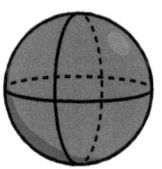

Kula
....
кугла

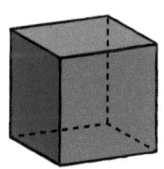

Sześcian
....
коцка

biały

бела

żółty

жута

pomarańczowy

наранџаста

różowy

ружичаста

czerwony

црвена

liliowy

љубичаста

niebieski

плава

zielony

зелена

brązowy

смеђа

szary

сива

czarny

црна

dużo / mało

много / мало

wściekły / spokojny

љутито / мирно

piękny / brzydki

лепо / ружно

początek / koniec

почетак / крај

duży / mały

велико / малено

jasny / ciemny

светло / тамно

brat / siostra

брат / сестра

czysty / brudny

чисто / прљаво

kompletny / niekompletny

потпуно / непотпуно

dzień / noc

дан / ноћ

umarły / żywy

мртво / живо

szeroki / wąski

широко / уско

jadalny / niejadalny

jестиво / нejестиво

zły / uprzejmy

зло / добро

podniecony / znudzony

узбуђено / досадно

gruby / chudy

дебело / мршаво

najpierw / na końcu

на почетку / на крају

przyjaciel / wróg

пријатељ / непријатељ

pełen / pusty

пуно / празно

twardy / miękki

тврдо / мекано

ciężki / lekki

тешко / лагано

głód / pragnienie

глад / жеђ

chory / zdrowy

болесно / здраво

nielegalny / legalny

илегално / легално

inteligentny / głupi

паметно / глупо

lewo / prawo

лево / десно

bliski / daleki

близу / далеко

nowy / używany

ново / половно

nic / coś

ништа / нешто

stary / młody

старо / младо

włącz / wyłącz

укључено / искључено

otwarty / zamknięty

отворено / затворено

cichy / głośny

тихо / гласно

bogaty / biedny

богато / сиромашно

prawidłowy / błędny

тачно / погрешно

chropowaty / gładki

храпаво / глатко

smutny / szczęśliwy

тужно / сретно

krótki / długi

кратко / дуго

powolny / szybki

полако / брзо

mokry/suchy

мокро / сухо

ciepły / chłodny

топло / хладно

wojna / pokój

рат / мир

0

zero

нула

1

jeden

jeдан

2

dwa

два

3

trzy

три

4

cztery

четири

5

pięć

пет

6

sześć

шест

7

siedem

седам

8

osiem

осам

9

dziewięć

девет

10

dziesięć

десет

11

jedenaście

jeданаест

12

dwanaście

дванаест

13

trzynaście

тринаест

14

czternaście

четрнаест

15

piętnaście

петнаест

16

szesnaście

шестнаест

17

siedemnaście

седамнаест

18

osiemnaście

осамнаест

19

dziewiętnaście

деветнаест

20

dwadzieścia

двадесет

100

sto

стотину

1.000

tysiąc

хиљаду

1.000.000

milion

милион

Angielski

енглески

Angielski amerykański

амерички енглески

Chiński mandaryński

мандарински кинески

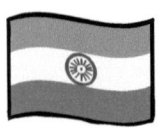

Hindi

хиндски

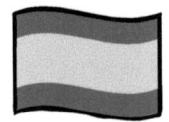

Hiszpański

шпански

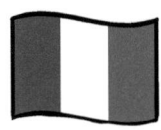

Francuski

француски

Arabski

арапски

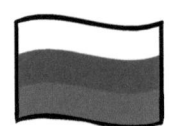

Rosyjski

руски

Portugalski

португалски

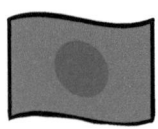

Bengalski

бенгалски

Niemiecki

немачки

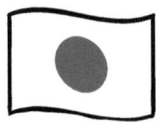

Japoński

јапански

ja

ja

ty

ти

on / ona / ono

он / она / оно

my

ми

wy

ви

oni

они

kto?

Ко?

co?

Шта?

jak?

Како?

gdzie?

Где?

kiedy?

Када?

Nazwisko

име

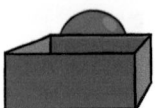

za
....
иза

w
....
у

przed
....
испред

powyżej
....
преко

na
....
на

pod
....
испод

obok
....
поред

między
....
између

Miejsce
....
место